まいにちをよくする500の言葉

松浦弥太郎 文

ワタナベケンイチ 絵

PHP

ブックデザイン　**わたなべ ひろこ**

ほんの少しの親切と、
ささやかなまごころと、
日々の笑顔のために。
500のなかの、
どれかひとつでも、
あなたの暮らしに
寄り添いますように。

はじめに

この日々というのは、何だろう。
この暮らしというのは、何だろう。
ふと、そんなふうに考える自分がいます。
あたかも、知らない街で、道に迷うように。
忙しかったり、疲れていると、なおさらに。
みなさんは、いかがでしょうか。

日々、そして、暮らしとは、そんなに変わるものでもなく、
当たり前のように、淡々と、つましく過ぎていきますが、
自分の心の持ちようと、向き合いかた次第で、
明るく、透明に、きらきらとしてくるものです。
そう、まるでおまじないをかけたように。

大切な心の持ちようのひとつ。
それは、日々、そして暮らしは、
すべて学びであると思うこと。
学びであるから、日々、そして暮らしとは、
すべて感謝であると思うこと。

学びと感謝。
この言葉があらゆることの答えであり、
今日のいろいろなことを、
よりよくしてくれるでしょう。

学びと感謝の中には、
たくさんの小さな言葉が詰まっています。
そんな小さな言葉を、みなさんと分かち合いたくて、
書き出してみたら500にもなりました。

このうちのひとつでもふたつでも、
あなたの日々と暮らしに
役立つことができたら嬉しいのです。
この本には、はじめもおわりもありません。
あなたが開いたページが、
僕からあなたへの手紙です。
1日に1度、僕が見つけた、学びと感謝が、
今日のあなたを元気にする言葉になりますように。

松浦弥太郎

1
早く寝よう

たっぷり眠ることで、明日の活力が湧いてきます。上質な睡眠を心がければ、それだけで人生の達人になります。

2
早く起きよう

早起きすれば、余裕が生まれて、ゆっくりと1日を始められるのです。あわてず、急がず、やさしい1日を。

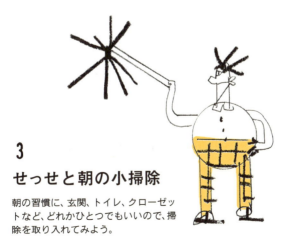

3
せっせと朝の小掃除

朝の習慣に、玄関、トイレ、クローゼットなど、どれかひとつでもいいので、掃除を取り入れてみよう。

4
窓を開けよう

1日に数回、窓を開けて、部屋の空気を入れ替えよう。気持ちがリフレッシュして、暮らしにリズムも生まれます。

5 背伸びする

足元はぴかぴかに

6

どんなに忙しくても、靴の手入れを怠らない。清潔で磨かれた靴は、自分の暮らしを表します。

7
くよくよしない

暮らしや仕事は、そのほとんどが苦労と悩みばかりです。しかし、だからこそ人間は成長するのです。

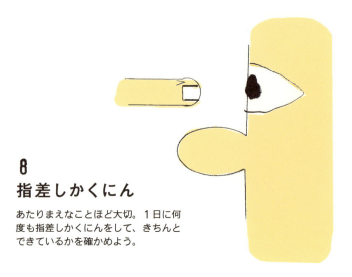

8 指差しかくにん

あたりまえなことほど大切。1日に何度も指差しかくにんをして、きちんとできているかを確かめよう。

9 よく噛んで食べよう

料理とその食事への感謝を忘れてはいけません。しっかりとよく噛んで、おいしさを味わうことです。

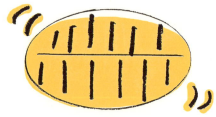

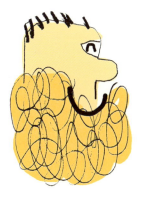

10 よく笑おう

その場、その時、その相手、その状況に合わせて、声の大きさを調整する心配りをしよう。

11 おおきい声とちいさい声

12 まっすぐに座ろう

椅子の背にもたれかかったりせず、まっすぐ美しい姿勢で座ること。そんな若々しい座り方を心がける。

13 腕を組まない

人の話を、腕を組んで聞くのは失礼にあたります。何かを隠しているようにも感じるものです。

14 足も組まない

足を組むのは、そこに相手がいれば、自分の不機嫌さを伝える仕草にもみえるので注意です。

15 どうぞと譲ろう

知りたいことやわからないことがあったら、検索などせず、まずは自分で考えてみる。とても大切なことです。

まずは自分で考えよう

16

深呼吸は大事です

17

身体の不調は、水分補給で解決することが多いのです。甘い飲み物などは避けて、水をたっぷり飲む習慣を。

18
水を飲もう

19 次の人のことを考えよう

道具や場所を使ったら、必ず、次に使う人が気持ちよく使えるように心配りをする。他人への思いやりです。

20 嬉しいあいさつ

あいさつのコツは、自分がこんなふうにされたら嬉しいと思うようにすること。あいさつは人間関係のきほんです。

21
メモをとろう

メモは記録でもあり、書くことによる記憶にもつながります。メモをとる姿勢も学びの成功につながるのです。

好きな場所を探そう

22

23　失敗は学び

失敗は成功の反対ではありません。貴重な学びなのです。失敗の数だけ学びが多く、それだけ成長するのです。

24　朝を逃さない

頭も気持ちもリフレッシュした朝は、ひらめきというチャンスが満ちています。大いに利用しよう。

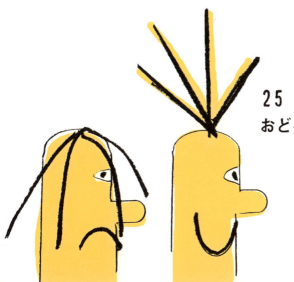

25
おどろきはいいこと

おどろきとは、自分が素直である証拠です。そして、感動の一種でもあります。いつもおどろける自分でいましょう。

26 思いつきを大切に

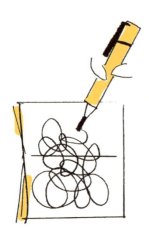

27 限りなくすなおに

28 たまには放っておこう

時には、時間が解決してくれることもあるので、あまり無理せず、放っておくのもひとつの方法です。

29
よく見ること

ぱっと見ただけで、わかったつもりになってはいけません。もっとよく見ると、もっと見えるものがあるのです。

30
ベッドはいつもきれいに

寝室やベッドは、体と心の休息の場所です。だからこそ、いつも清潔で、心地よくしておくことが大切。

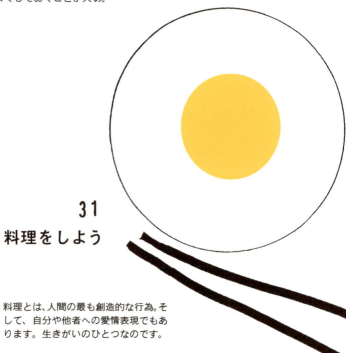

31
料理をしよう

料理とは、人間の最も創造的な行為。そして、自分や他者への愛情表現でもあります。生きがいのひとつなのです。

いつも疑ってみよう 32

もっとよい方法や考え方があるかもしれないと、いつも疑ってみることで新しい出会いや発見があるのです。

アイデアはくっつけてみよう 33

あんことパンを合わせたらアンパンが生まれたように、ひとつのアイデアを、他のアイデアとくっつけてみよう。

情報よりも感動を

34

情報は忘れ去られていきますが、感動はいつまでも忘れられることはありません。感動を発信する人になろう。

35

一人旅に出る

自分は何に強くて、何に弱くて、何が出来て、何が出来ないのか。自分に向き合うために一人旅は大切なのです。

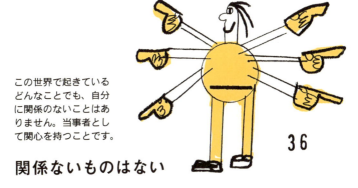

この世界で起きているどんなことでも、自分に関係のないことはありません。当事者として関心を持つことです。

関係ないものはない

36

37

ぺらぺら話さない

口の軽い人は信用されません。いろいろと知っていたとしても、黙っていることが賢明です。

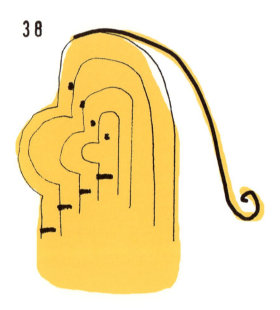

何回でもやり直そう

失敗があっても、何回でもやり直せばよいのです。やり直すという行為ほど尊いものはないのです。

39
何がすごいの？

40　歩け歩け

歩くことは、それだけでたくさんの情報を収集できます。健康のためにも、たくさん歩くことを心がけよう。

それが正しい答えであっても、逆のことを考えてみると、いろいろと新しい発想に出合えるものです。

41　逆を考えよう

42
リストを作ろう

忙しい時ほど、頭の整理のために、やるべきこと、必要なこと、考えるべきことなどのリストが役に立ちます。

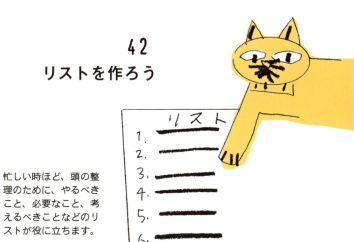

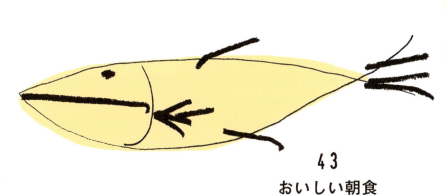

43
おいしい朝食

44
きれいな言葉づかい

言葉づかいは、自分の人格を表し、相手への敬意の現れでもあります。美しい言葉づかいを身につけよう。

45
会いに行こう

謝罪が必要な時や、大切なことを伝えたい時は、電話やメールではなく、すぐに会いに行くことが大切です。

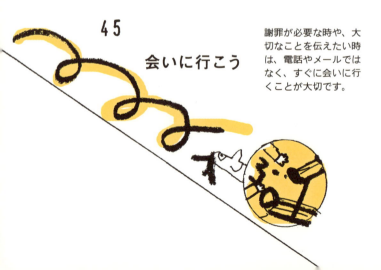

ゆっくり休もう

46

47 助けよう

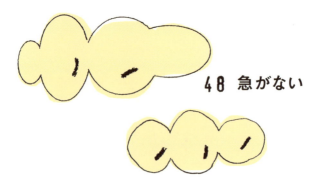

48 急がない

とにかく人をほめることを心がけよう。
その人のよいところをたくさん見つけ
て、言葉にしてあげることです。

49 ほめよう

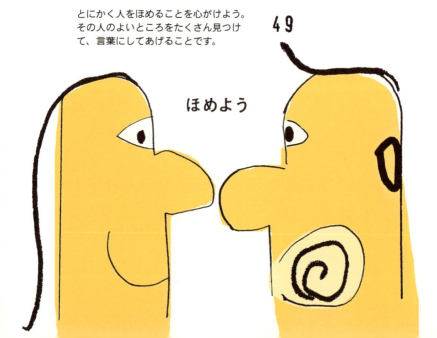

50 心を使おう

暮らしや仕事は、頭を使うのではなく、心をたっぷりと使うように切り替えてみる。それだけで人生が変わるのです。

元気とは、元の気持ちにもどること。だからこそ、自分の元の気持ちに、いつでも立ち返ることです。

51 元気とは元にもどること

52
ゆっくり話そう

大切なことは、自分よりも相手の気持ちを考えて、慌てずに、やさしく、ゆっくり話すことです。

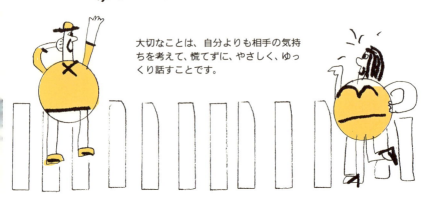

53
さんかくでいい

なんでも○か×ではっきり分けるのではなく、その真ん中には、△という価値があると知っておこう。

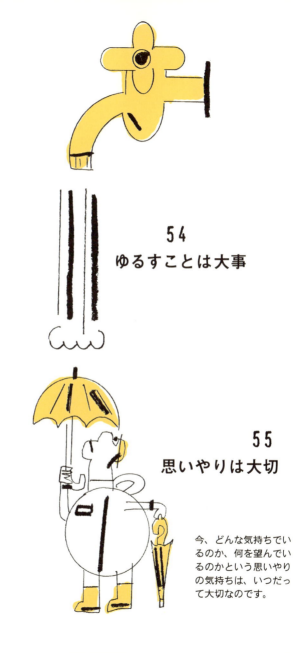

**54
ゆるすことは大事**

**55
思いやりは大切**

今、どんな気持ちでいるのか、何を望んでいるのかという思いやりの気持ちは、いつだって大切なのです。

56 ありがとうを100回

ありがとう、を1日に100回言えたら、なんて素晴らしい1日かと思うのです。毎日の目標にしてみよう。

57 まいにちがはじまりの日

暮らしにおいても、仕事においても、今日が初日であると思うことで、毎日が初々しく、謙虚な1日になるのです。

今日は何を与えようか

58

自分が社会や人に対して、何を与えることができるだろうかと考えます。ひとつでもよいので与えられますように。

59
プレゼントしよう

今日会う人に何かひとつプレゼントしよう。それはささやかな言葉でもよいし、あなたの笑顔だけでもよいのです。

60
よくさわってあげよう

大切なものは、1日に1度、手でさわってあげよう。とても大切であることを精一杯に伝えよう。

61 手紙を書こう

62
こわがりでいい

心配が過ぎたり、こわがりであることは、想像力が豊かな証拠です。そんなあなたはとってもすてきなのです。

63
清潔という身だしなみ

身だしなみの本質は、精一杯に清潔であることです。おしゃれよりも自分自身の手入れを心がけよう。

64 目をつむる

65 　怒らない

怒ることで、よいことはひとつもありません。何があっても、平らな気持ちで怒らないことです。

味はうすく

食事は、素材本来の味を慈しみ、感謝して味わうこと。どんなものでも、味つけはうすいほうがよいのです。

66

67
いない人のことを話さない

どんなにおもしろくても、その場にいない人のことを話題にしない。これは最低限のマナーです。

68

優秀よりも勇敢に

優秀さよりも、行動力
のある勇敢な自分であ
りたい。ここぞという
時は、勇敢さがちから
になるのです。

自分が嬉しいと思わないことは、決してしないように注意です。それは人ではなくモノであっても同様です。

嬉しくないことはしない

69

絵にしてみよう

アイデアや問題は、絵にして描いてみると、さらに整理され、わかりやすくなり、新たな発見もあるのです。

70

71　場所を変えてみよう

考えに行き詰まった時は、場所を変えて、考えてみる。環境というのは、意外と発想に影響を与えるものです。

成功の反対は失敗ではなく、何もしないということです。ですから、失敗を気にすることはありません。

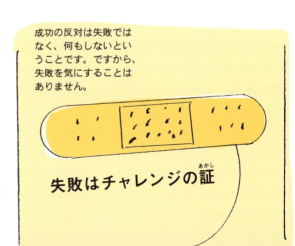

72　失敗はチャレンジの証(あかし)

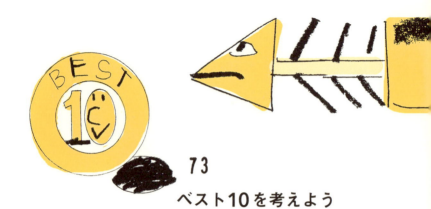

73
ベスト10を考えよう

74

話しかけるように
書こう

文章を書くときは、いつでも目の前の人にわかりやすく、話しかけるように書くとよいのです。

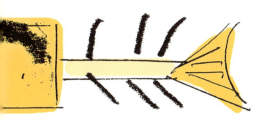

75
はじめと まんなかとおわりを

文章のコツは、はじめとまんなかとおわりを明確にすること。それぞれを独立させて書いてつなげるのです。

76
悲しくていい

美しいものには、必ず、ひと刷毛の悲しみがあるものです。悲しみは人間が失ってはいけない大切なことなのです。

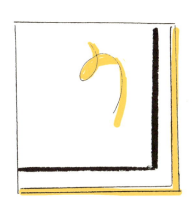

上手にやろうとせず、ていねいにやればよいのです。ていねいとは、心をこめること、愛情をあらわすことです。

77 すべて、ていねいに

78
自由になろう

もっとちからを抜いて自由になろう。自由とは、良識と良心を持った自立した自分であることです。

ついでをやめよう

79

ついでにこれをやろうと思わずに、ひとつひとつを大切に行うこと。学びと経験をしっかり味わうことです。

80 準備は入念に

81 やさしさに逃げない

時にやさしさは、簡単で楽な解決方法になってしまうこともあります。厳しさと向き合うことも忘れない。

お金と仲よく

お金に好かれる使い方をしよう。お金に嫌われないように、友だちになれるように扱うことです。

82

83
時間に嫌われないように

時間はお金よりも大切です。時間は貯めることも止めることもできません。時間から褒められるような使い方を。

84
照れない

いざって時に照れてしまわないように。人間関係においても、仕事においても、これは鉄則です。

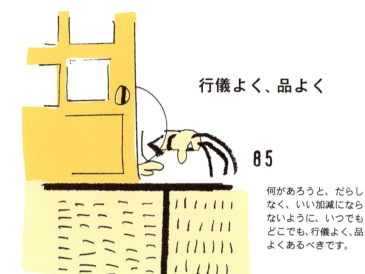

行儀よく、品よく

85

何があろうと、だらしなく、いい加減にならないように、いつでもどこでも、行儀よく、品よくあるべきです。

86
嫌いにならない

苦手はよしとして、人でもモノでも何事でも、決して嫌いにならないと、人生はとても楽になります。

87
文句はあとまわし

文句は、言いだしたらきりがありません。文句を言う前に、その問題に対処することが先決です。

88

先手をうとう

何をするにしても、つねに想像力を働かせて、先々に起こりうることへの準備を怠らない。

89 追い詰めない

90 面倒くさいはおもしろい

面倒くさいことに出合ったら、それはおもしろいことだと受け入れて、取り組めばよいのです。

91
きほんをくりかえす

そのきほんは何かをいつも考え、そのきほんに立ち返り、きほんをくりかえすことで生まれる価値を大切に。

92
よきパートナーを見つける

1人は楽で自由かもしれないが、1人では、何もできないと知るべきです。ぜひ、よきパートナーを見つけよう。

93 愛されるより愛する

愛してくれたから愛するのではなく、いつでも自分から先に、愛する気持ちを忘れてはいけません。

94 原点と未来を

アイデアを考えるとき、その原点は何か、その未来は何かを、いつも具体的に言語化することが大切です。

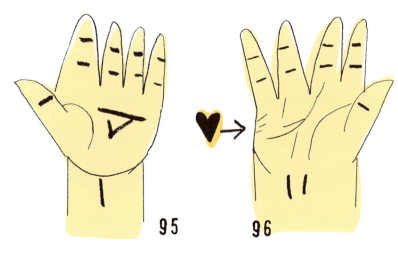

95 手をマッサージしよう

いつも働いてくれている手に感謝して、手をマッサージしてあげよう。いつでも役に立ってくれる手をいたわります。

96 嬉しいことを考えて眠る

97 後味よいものを

料理でも、仕事でも、どんなことでも、後味がよくなるように。後味がよいものは、それだけ価値が高いもの。

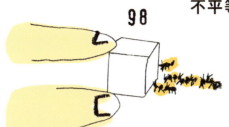

不平等に負けない

98

世の中は決して平等ではありません。そのことを受け入れ、そんな不平等に負けない自分であるように。

99
敬意を払おう

年下であろうと、立場に差があろうと、どんな人にも、深い敬意を払うべきです。敬意なき関係はありえません。

100
謙虚さを忘れない

謙虚さと素直さはあなたの人生を守ってくれます。年をとるほどに、謙虚さと素直さを高めるべきです。

きっとよくなる
101

日々には緩急がとても必要です。時には、頭と心のネジを緩めて、ちからを抜いて、ぼんやりしよう。

ぼんやりでもいい
102

大変なことや、つらいことは、1人で抱えないように心がけます。いつだってお互い様ですから。

1人で抱えない
103

104 新しい気持ちを持つ

新しい気持ちとは、赤ちゃんの気持ち。何も知らないピュアな気持ちは、たくさんの感動とおどろきを与えてくれます。

105
礼儀正しくあれ

106
知ったかぶりしない

知ったかぶりは損をします。知らないことは恥ずかしいことではありません。知らないからこそ学びがあるのです。

なにかひとつでいいから、期待値を超えるおまけを考えよう。おまけを嫌がる人はいませんから。

107
おまけをつけよう

長く使えるものを
108

何かを手に入れるときは、それは長く使えるものかと考えよう。いなくなったら困る友だちのようになれますかと。

頭を低くしよう
109

誰よりも頭を低く、すべてから学ばせていただく感謝の気持ちを持って、人や物事に接することです。

110
あきらめない

つらいとき、苦しいとき、大変な時こそ、笑顔。笑顔は良薬になって、たくさんのことを解決してくれるから。

111
笑顔が薬になる

112
答えや方法はいくつもある

その答えではなく、もっとたくさんの答えや方法が必ずあると知りましょう。答えにとらわれてはいけません。

理解の先には、自覚がある。自覚という心で納得することが大切です。理解に留まらず、自覚するまで向き合う。

理解よりも自覚を

113

114
敵は恩人

敵はいつだって自分に対して正しい事実を述べてくれるものです。敵は学びを与えてくれる大切な恩人なのです。

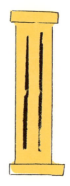
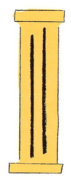

美しく立つ

115

何度も休憩を

116

人の集中力はそんなに続きませんから、しっかり休憩を取ることです。メリハリをしっかりと。

1人になる
117

1日のいずれかの時間
に、1人になる時間を
作る。1人で考え、1
人で思い、1人で休む。
そんな時間が必要です。

118

よく観察する

アイデアや発想は観察が支えています。
アイデアが出ない時は、情報不足であ
ると知ること。もっと観察をしよう。

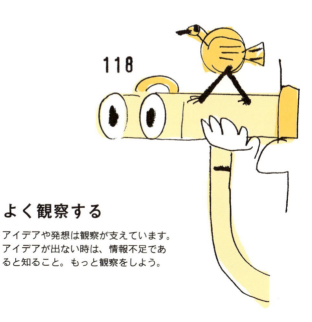

憎まない、恨まない 119

120
常に冷静であれ

感情的にならないように、いつも冷静であることを心がけます。冷静であることで正しい判断ができるからです。

121

リズムを考える

1、2、3で、1にもどって、1、2、3というようなリズムで歩むのです。自分のリズムを見つけよう。

122
知らないことを知る

自分が知らないことは何かを調べてみよう。知らないことはよいことです。新しい楽しみが隠れているから。

習慣を改める
123

習慣を定期的に見直そう。いつしか習慣は、楽で、あたりまえなものになっているからです。

空を見上げよう

124

下を向いてばかりいないで、1日に何度か大きな空を見上げよう。そして、ちっぽけな自分をみつけよう。

逃げるが大切 125

126
もし、と考える

もしこうだったら。もしこうなったら、もし自分だったらと、いろいろな状況や立場になって問いかけて。

127

ちからは使うよりも働かせる

ちからを1匹の生き物として考えてみよう。ちからが働くには、どうしたらよいかと考えてみよう。

時には動かない
128

活動的に動くことは大事ですが、時にはじっとがまんして、動かないという選択肢も持っておこう。

ありがとうではじまる　　ありがとうでおわる

129

130

どんなことでも、ありがとう、という感謝の気持ちで心をいっぱいにして、はじめよう。

どんなことでも、ありがとう、という感謝の気持ちで心をいっぱいにして、おえよう。

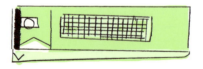

131

使ったらきれいにもどす

当たり前のようだけど、なかなかできないこと。元にあったよりも、きれいになるようにもどしておこう。

132
果物は見ても楽しむ

133
勝ち負けにこだわらない

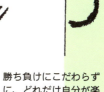

勝ち負けにこだわらずに、どれだけ自分が楽しめたのか、どれだけベストを尽くしたのか、学んだのかを大切に。

134
何が食べたいか

今の自分は何を食べたいのか。甘いもの？ ジャンクなもの？ それが自分のコンデイションを物語っています。

たっぷりとくつろごう

くつろぎは大切。たっぷりとくつろごう。くつろぎ名人になろう。上手にくつろいだら、さあ、立ち上がろう。

136

植物に話しかけよう

植物にもいのちがあり意識があるのです。毎日、植物に話しかけてあげよう。植物は美しさで答えてくれます。

137

根っこを見る

どんなものでも、目に見えるきれいなところだけでなく、目に見えない根っこをよく見つめよう。

138
困った時は人を頼る

139
深く掘ってみる

自分が興味のあることを、徹底的に深く掘り下げてみよう。さらに深く掘り下げると、そこには宝ものがある。

140 心をやわらかく

141 簡単を味わう

簡単であるからこそ、見過ごしてしまう大切なものが潜んでいる。簡単なことこそ、味わう気持ちで取り組もう。

142 きれいにお辞儀を

お辞儀は、その人の心を映します。静かできれいなお辞儀ができるように心がけよう。

143 平凡でいい

特別さを求める必要はありません。平凡であることが、いちばんのしあわせです。平凡でつましい人生を歩もう。

下を向かない

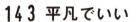

144

見えないところを清潔に

目に見えているところをきれいにするのは誰でもできる。目に見えないところこそ清潔に保つ暮らしを。

自分プロジェクトを

自分だけの楽しいプロジェクトを考えてみよう。どんなことでもよいのです。いつからいつまでどんなふうにと。

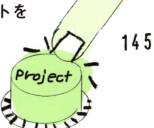

145

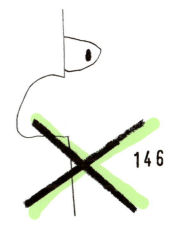

146

面倒くさいを言わない

面倒くさいことにこそ、楽しみは隠れている。だからこそ、面倒くさい、と言わないように。

147

148
花を飾ろう

149
夢を語ろう

夢は何かと考えて、その夢のゴールを想像する。そのゴールのために、今何をするべきなのか。たっぷり語ろう。

箸づかいを美しく

150

食事の際、箸づかいは美しくありたい。上のほうを持って、静かに動かす。美しさは、料理への感謝の気持ちです。

151 手に感謝する

自分の手を大切な道具として大事にしよう。この手で作れるすばらしいものは無限にあるのだから。

宝ものにさわる 152

あなたの宝ものはなんですか。その宝ものは、飾っているばかりでなく、しっかりとさわっていますか？

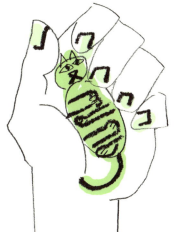

153
１人でいる時こそ

誰も見ていない１人の時だからこそ、だらしなくならずに、ていねいで、きちんとするべき。

154
静かな所作を

うるさくて雑な所作をしていませんか。うるさくなく、やさしく、優雅な所作を心がけよう。

心にも、暮らしにも、仕事にも、余裕という空間を持とう。空間があるからこそ存分に楽しめるのです。

空間を持つ

155

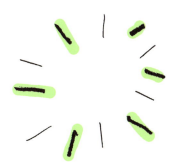

忘れよう

156

いやなことや、つらいことは、忘れてしまおう。そうして、新しい、嬉しいこと、楽しいことを考えよう。

157

日々というのは選ぶことだらけです。
だからこそ、それはほんとうに必要な
のかとよく考えてみよう。

慎重に選ぶ

158

約束は、人と人との信頼を育みます。約
束は与えられるのではなく、自分から
するように心がけよう。

約束は自分から

何でも足りないと思うクセがついたらやっかいです。もっと足るを知ることです。もっと感謝をするべきです。

159 足りない病を治す

160 増やしたら減らす

何か新しいものを増やしたら、必ず何かひとつを減らすようにする。何事もバランスと偏りがないように。

161

友だちのような、家族のような、あこがれる人のような1本の木を探してみよう。対話ができるような木を。

お気に入りの木を見つけよう

落ち込んだら得意なことを

気持ちがへこんだら、自分の得意なことをやってみると、自信を取りもどすことができるだろう。

162

工夫をしよう

いつでも工夫をする。こうしてみよう、ああしてみよう、こんなふうにと、工夫をする。

163

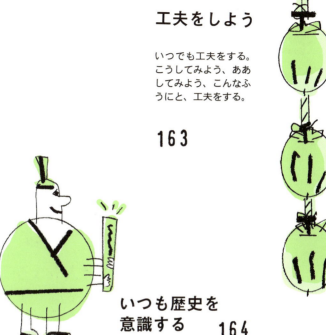

いつも歴史を意識する

164

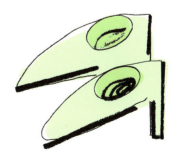

165 揃えよう

実行する　　166

いくらよいアイデアを思いついても、何もしなければ意味はありません。とにかく実行してみることです。

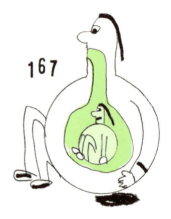

孤独を受け入れよう

孤独であることが人間の条件です。孤独であるからこそ、人にやさしく、思いやりを持てるのです。

欲張らない

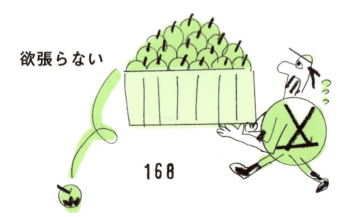

とりあえずと言わない

とりあえず、という言葉がクセにならないように注意です。とりあえずという意識で物事を進めないように。

169

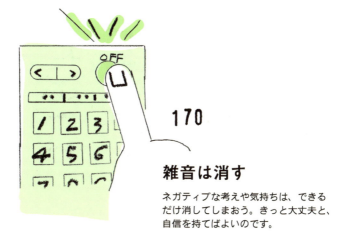

170

雑音は消す

ネガティブな考えや気持ちは、できるだけ消してしまおう。きっと大丈夫と、自信を持てばよいのです。

嬉しいことを人にも　171

嬉しかったことや楽しかったことは、
人に分かち与えよう。嬉しかったこと
楽しかったことをもっと循環させよう。

人のせいにしない　172

なにがあろうと原因は自分にあるので
す。人のせいにしてしまうと学びもな
く、自分の成長を止めてしまいます。

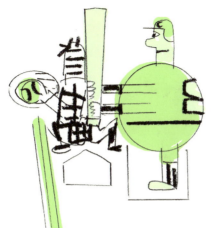

ボール球にバットを振らないように。自分の得意なコースに来たストライクボールだけを振って打つのです。

ボールを振らない 173

174 いさぎよく謝る

人を置いていかない

175

待たせないように

176

待ち合わせも、仕事の約束も、待たせてはいけません。少し早く行く。少し早く終わらせるように心がけます。

時間は作るもの
177

時間がない、と言わないことです。時間とは与えられるものではなく、自分で作るものですから。

178
本質を見極める

なぜなにだろうという好奇心を持って、物事をしっかり観察し、見尽くすことです。

179
不満を言わない

不平不満を言わないことです。それよりも問題を解決するために、よく考え、よく理解し、よく動くことです。

知らんぷりしない

そこで起きていることに無関心であることは、もっともよくないことです。深く関心を持って助け合おう。

180

教えてもらう

わからないことがあったら、詳しく知っている人に素直な気持ちで教えてもらおう。

181

人と仲よくなると、その人を支配したくなるもの。恋愛においても、人間関係においても支配はありえません。

支配をしない

182

何かをお願いするとき
は、その人が断りやす
いような配慮をしよう。
断りにくい頼み方はよ
くありません。

断られ上手に

183

184
まっすぐに見る

特に人間関係において、
まっすぐに向き合うこ
とが大切です。斜めに
座ったり、構えたりし
ないように。

目で伝える

185

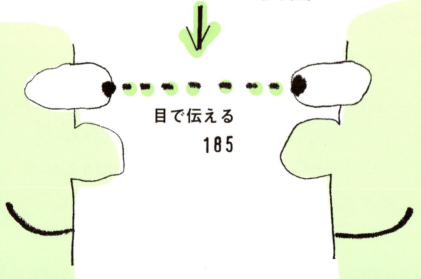

どんなことでもいつでもやり直すことはできる。やり直す勇気を持てば、自由にチャレンジできるだろう。

186 やり直す勇気を

187 逃げ道を作ってあげよう

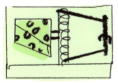

たとえば、喧嘩した時、何があろうと、必ずその人の逃げ道を塞ぐことはしないように。

188 すべてを愛する

すべてを愛そう。家族と思って愛そう。そういう大きくてあたたかい気持ちを持つことの素晴らしさを知ろう。

未来を考える

189

目の前のことにこだわらずに、もっと先の未来のことを考えてみよう。未来に向かって歩んでいこう。

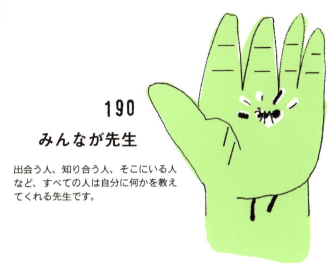

190
みんなが先生

出会う人、知り合う人、そこにいる人など、すべての人は自分に何かを教えてくれる先生です。

191
嘘をつかない

100歩くらい譲ろう 192

我先にと争わずに、譲る気持ちを持とう。たかだか100歩なら、いつでも譲れる余裕を。

おすそ分けとは、他人からいただいたものを独り占めしない気持ちです。いつでもたくさんの人と分け合おう。

193 おすそ分けしよう

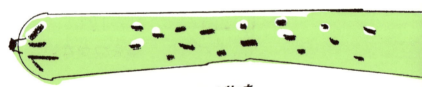

194 小さな贈り物を

人に会う時は、ほんの少しでもよいので小さな贈り物を準備する。あなたに会えて嬉しいという感謝をこめて。

背を向けない
195

ほめる時は、単刀直入に、はっきりとした言葉で、たっぷりとほめること。そうすれば、もっとよくなるだろう。

196
たっぷりほめよう

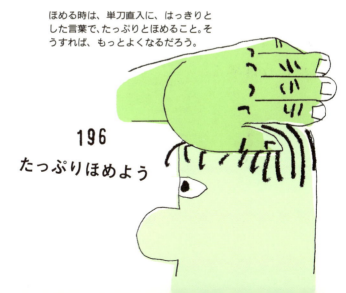

笑わせよう

197

どんな時でもユーモアが欠けてはいけません。あなたは今日、何人の人を笑わせましたか？

198

ありがとうは早く

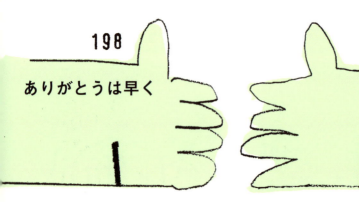

何か嬉しいことをしてもらったり、助けてもらったら、すぐにありがとうを伝えよう。

199 目を見て話そう

人と話をするときは、相手の目を見て話すことが大切です。やさしくて、あたたかい、愛情込めた目と目で対話しよう。

200 心地よい声で

お話しする時は、耳に心地よい声と、声の大きさを心がけよう。相手を慮り、まわりの人にも気づかいしよう。

201 愛情を伝える

コミュニケーションの目的は、自分の愛情を伝えることです。まずは自分を知ってもらうために心を開くこと。

202

時には立ち止まる

まっすぐに突っ走るのも大事ですが、時には立ち止まって、状況の点検をするべきです。

203

どんなものにもいいところがあり、しかも、常に新しい、いいところも増えています。

新しい、いいところを見つける

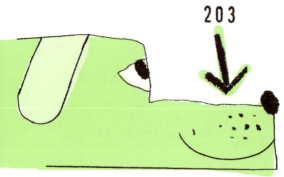

204
磨いてみよう

整理をしたり、きれいにすることだけでなく、物事を磨き上げるという意識を持とう。

205
言葉にしてみよう

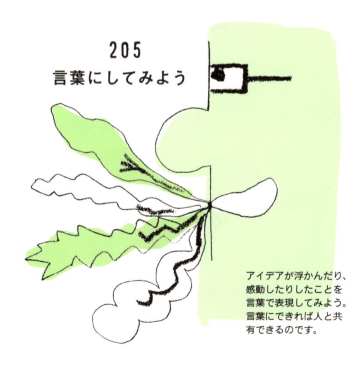

アイデアが浮かんだり、感動したりしたことを言葉で表現してみよう。言葉にできれば人と共有できるのです。

その先に人がいる

どんな仕事にもその先には生身の人がいることを忘れてはいけません。その先に人がいるなら……と考えます。

206

207

よく聞こう

208 しあわせとは

しあわせとは、人と深くつながることです。人とたくさんのすばらしいことを分かち合うことです。

209

育てよう、守ろう

210
あいさつ上手に

上手なあいさつは自分の身を守ってくれます。相手よりも先に、気持ちよいあいさつをするように心がける。

方法の発明を
211

仕事とは、今までなかった新しい方法の発明をすること。固定観念にとらわれない小さな発明の積み重ねです。

212
ポケットに手を入れない

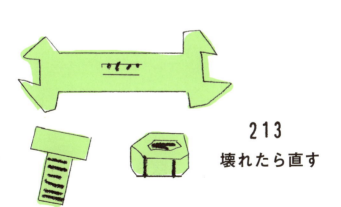

213
壊れたら直す

214

すべてが大切な友だち

すべての人に対して、もし大切な友だちならば、どんなふうに接するのかと考えます。

215

競争しない

競争はしません。競争相手がいることを選ばなければよいのです。まだ誰もしていないことに取り組みます。

真似てみよう

学ぶとは、真似ることでもあります。学びたければ、できる人の真似をすることからはじめよう。

216

217

人と人をつなげよう

そのつながりで何かが生まれますようにと、人と人をつなげることを心がけます。それも自分の役割です。

それは美しいか

暮らしも仕事も、いつも、それは美しいかと自問する。美しくあるように、精一杯、手がけていこう。

218

219

初々しく
うぃうぃ

いくつになっても、どんなに経験豊富になっても、初々しい態度と心持ちで、暮らしや仕事に取り組みます。

220
階段は一段ずつ

221　希望を持つ

あなたの希望はなんですか？　希望を見失ってはいけません。どんなに苦しくても希望を持って歩んでいこう。

222
家族が一番大事

仕事のために、家族を犠牲にしてはいけません。なにがあろうと、家族を一番大事にするべきなのです。

迷った時は 223

どちらにしようかと迷ったときは、しんどいほうを選ぼう。学び多き経験となり、自分の成長を助けるのです。

ブレーキ上手になろう 224

225

明るい返事を

「はい」というはっきりとした明るい返事を心がける人のところに、よいことは集まるものです。

226
いつも15分前に

待ち合わせの約束や、開始時間には、いつも15分前を心がけます。何があっても心配ありませんから。

227

いくらよい状況であっても、もっとよくしようという気持ちを持とう。よいことは、もっとよくなるものですから。

もっとよくしよう

228
それは新しいか

新しいアイデアが浮かんだら、それはまだ誰も気づいていないほんとうに新しいことかと考えます。

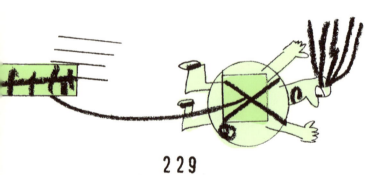

229

失敗を恐れない

チャレンジに失敗はつきものです。失敗を恐れずに取り組む勇気を持とう。

230
力を抜こう

機嫌よく 231

人はいつも大変なことや、苦しみやつらさを背負っています。だからこそ、いつも機嫌よく人と接するように。

232
両手で渡す、
両手で受け取る

どきどきすることを

233

それはどきどきすることですか？ どきどきすることは、長く続けられるし、いつでも新しい気持ちでいられるから。

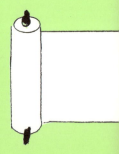

自分の年表を作ろう

235

大切にしていることや、大切なものは、まるで宝石のように扱う。価値は自分の姿勢や扱い方で育っていくのです。

宝石のように

236

何事もおもしろく

どうせやるなら、とびきり楽しく取り組むほうが楽になります。常に、楽しくするための工夫をする。

どんなに小さなことでも、必ず振り返りをして、その状況を確認する。そして、次の1歩を確かめるのです。

振り返る

237

238

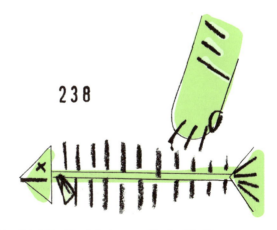

愛するとは、それを目一杯、生かすこと。生き生きとさせることです。あなたは本当に愛しているでしょうか？

生かそう

239 新しい友だちを

新しい友だちを作ることは大切です。普段行かない場所や集まりに、積極的に足を運んでみてはいかがでしょう。

少しでいい 240

おいしいものは、おいしいほど少しの量で満足できます。何事も欲張らないことです。

過信をせずに、毎日、自分自身のコンディションをチェックし、メンテナンスを怠らない。

241
毎日メンテナンスを

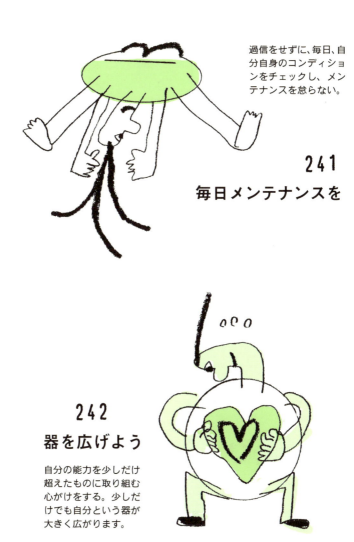

242
器を広げよう

自分の能力を少しだけ超えたものに取り組む心がけをする。少しだけでも自分という器が大きく広がります。

毎日リセットしよう

243　それがいくらうまくいっているとしても、毎日リセットして、いつも新しい気持ちで取り組むことです。

変わっていい 244

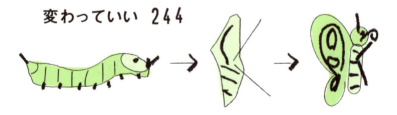

いつも新しい自分でいるためには、変わることを恐れてはいけません。毎日変わってもよいのですから。

245

お手本を見つける

何かを学ぶなら、まず、お手本になる人を見つけることです。お手本の人がいるだけで、学びの早さは違うのです。

246

持っているものを
点検する

何か欲しいものがあったら、自分が持っているものを点検してみよう。そうすれば余計なものを買わずに済む。

自分のフォームを作ろう

切り札ともいえる自分だけのフォーム、自分の得意とする勝ちパターンを持っていると、安心です。

247

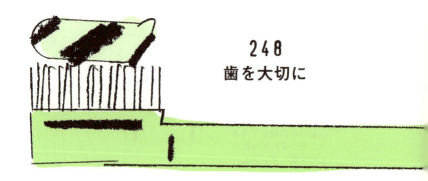

248
歯を大切に

249
できないことはなあに

自分にはどうしてもできないことはなにかと考えてみる。できないことを知っているだけで、それが強みになる。

250
できることはなあに

自分にできることはなにかと考えてみる。できることを知っているだけで、それが強みになる。

両親から学ぼう

両親は一番身近にいる人生の先輩です。どうしたらよいか悩んだときは、両親ならどうするかを考えてみる。

251

気持ちをリフレッシュさせたいときは手を洗うように水をさわると、いろいろな雑念が水で流されていく。

252

水をさわる

253
いつでも役立つ自分でいる

自分の得意なことに関しては、いつ声をかけられても役立てるように、準備万端でいること。

逃げずに受け止める

254

苦しいことやつらいことから逃げると、さらに追いかけられます。しっかりと受け止めればよいのです。

255
深くつながること

せっかく出会った人だからこそ、深くつながるように、2人の関係を大切に育てていこう。

忙しいからこそ、できるかぎり、家族みんなで揃って夕飯を食べる。あたたかな団らんを楽しむ。

256 一緒に夕飯を

257 社会の一員として

人知れぬところで、人を思いやり、気づかいをする。そんなちょっとした行動を大切にしたい。

秘密の親切を

258

ゆっくり食べよう

259

260
落ち込んでもいい

つらいことや、悲しいことがあったら、我慢せずに落ち込めばいい。泣いてもいい。

261
外国語を話そう

母国語以外の言語に、ひとつかふたつ取り組んで、外国人との会話に使ってみよう。

262
うがいする

263
雨の日は楽しく

雨の日は、お気に入りの傘やレインコート、ブーツなどを揃えて、お出かけを楽しもう。

264
太陽に感謝

いつも明るい陽射しを照らしてくれて、ありがとうございます。今日もよろしくおねがいします。

265
しがみつかない

人にも、社会にも、集まりや組織にも、依存せず、寄りかからず、無理にしがみつかない。

266 欠点を愛する

どんな人にも欠点はたくさんある。そんな欠点は、個性でもあり、魅力でもある。愛してあげよう。

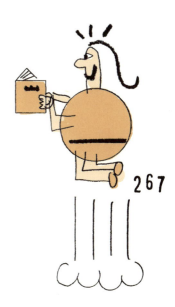

267 ヒントとは感動のこと

ふとした感動や気づきが、ヒントとなって、問題の解決を導いてくれるのです。感動ポイントを見逃さずに。

トイレはもっときれいに

トイレを使ったら、使う前よりもきれいにする。そんなささやかな心がけが、しあわせを呼んでくれる。

268

269

土をさわろう

土をさわると気持ちが落ち着くのはなぜでしょう。手が汚れることをいとわず、土と仲よしになろう。

時には、あれやこれやと作り置き料理を楽しもう。いつもの料理と違った嬉しさがあるものです。

作り置き料理を
270

271 ゆっくり書く

手紙のコツは、あせらず、ていねいに、ゆっくり書くことです。線が揺れても、心のこもった文字は嬉しいのです。

272

失敗を研究する

失敗をしたら、なぜ失敗したのか、その原因を研究しておく。ああ、なるほどと気づく発見と学びがあるから。

ゆっくりストレッチ
273

疲れたときは、マッサージよりも、ゆっくりとストレッチをする。無理せず、疲れた部位を伸ばしてあげます。

画面を見ない日
274

おどろきやすい人にならない

275

いちいち騒がない。何があろうと、その状況を、冷静に理解する気持ちを大切に。適切な対処につとめよう。

276 天気を楽しむ

相手の立場になろう

277

自分都合で物事を考えてはいけません。いつも相手の立場で考えて、判断することです。

腹は六分目
278

279
悩んでいい

どんな人にも悩みはあります。悩みから逃げずに、じっくり悩んでいいのです。それが人生でもあるのです。

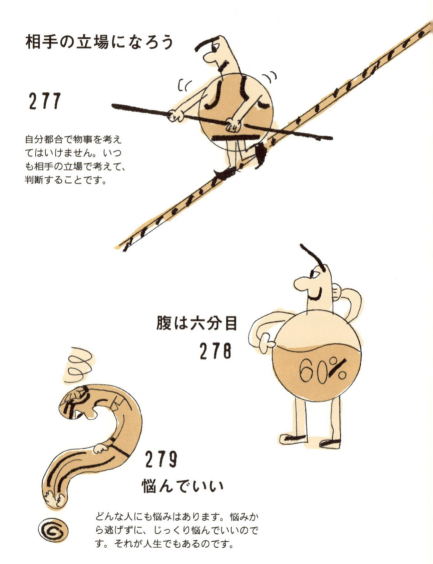

280 階段を昇るように

あせらず、あわてずに、1段、1段、ゆっくりと階段を昇るように、経験し、学び、成長していこう。

281 自分をゆるそう

自分を愛すること、信じること、ゆるすこと。その気持ちがちからになって、新しい1歩が踏み出せるのです。

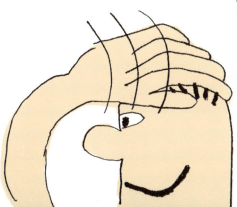

自分の得意なことは、もっと得意になるというよりも、もっと美しくなるように磨いていこう。

282
得意を磨こう

283
詩を読もう

時には詩を読んでみよう。いろいろな情景を思い浮かべてみたり、心情に浸って、詩の世界を味わってみる。

スープを作ろう
284

スープ作りは、料理のきほんのき。スープが作れれば、どんな材料でもなんとかなる。身体に優しく栄養もマル。

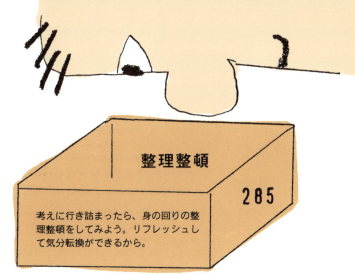

整理整頓 285

考えに行き詰まったら、身の回りの整理整頓をしてみよう。リフレッシュして気分転換ができるから。

群れない 286

仲間同志で集団になって群れるのは控えよう。自分1人で考え、行動し、磨き、自分自身を作っていくのです。

いつでもその先に何があるのか、何が起こるのかを考えて、そのために何が必要かを見抜いて、準備をします。

その先を考える
287

288

いたずら書きをしてみよう

心の思うままに、自由にらくがきをしてみよう。そうやって、今の自分の心の中をのぞいてみよう。

自分を役立てよう

人や社会に対して、どうしたら自分を役立てることができるのか。自分の役立ちどころは何だろうと考えよう。

289

無邪気で、自由なひらめきは、計り知れないパワーを備えたアイデアだから、大切にする。

純粋なアイデア

290

291

動物とふれあおう

時間がかかるものを

どんなものにも、必要な時間というものがある。時短を求めずに、その時間を生かし、味わい、楽しもう。

292

一考二案

293

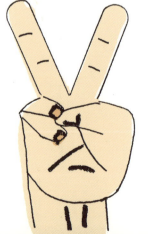

スイートスポットを 294

スイートスポットとは、それぞれが持つ得意分野や注力分野。その1点を見つけ出し、こだわり、ちからを注ぐ。

295
休日はセンスを育てる日

休日はインプットの日。感動体験の日。そのインプットと感動は、自分のセンスをきっと高めてくれる。

296
新しい人と出会う

1日に1人、異業種や、違った文化を持つような、新しい人と知り合うことを目標にしてみよう。

297
白い紙を置く

目の前に白い紙を置いて、その白い部分をじっくりと見つめてみる。そこには何が浮かんでくるのだろう。

298
飾らない

ありのままで、飾ることなく、リラックスした自分が、いつだって、いちばんすてきなのです。

299　理念を持つ

理念とは、どうありたいか、という根本の考え。そして、いつも立ちもどるべき考えです。

点と点をつなぐ

どんなことでも、いつか必ず、これまでの経験とつながって役に立つ。そう信じて、精一杯に取り組もう。

300

どんなに使っても減らないものを生み出そう。それは今までなかった新しい方法です。そんな発明をしよう。

減らないものを

301

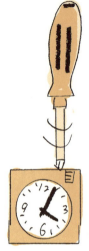

知りたいことがあったら、自分の目で
確かめ、自分の頭で理解する。わから
ないことをそのままにしておかない。

302 なんでも確かめる

調べる習慣は、時には
必要ですが、まずは感
じること。自分の直感
を信じてみる。

303 調べない

敬意をあらわす

304

305
たたき台を叩く

どんなものでも、まずは、たたき台を作って、それをとことん叩くこと。叩いて壊すことがあってもいい。

306
プレイヤーに

いつだって、観客ではなくプレイヤーとして活躍する自分でいよう。スコアボードではなく、グラウンドを見る。

メッセージを持つ

課題にも目標にも、行動にも、そこにはどんなメッセージがあるのかを考えよう。

307

308

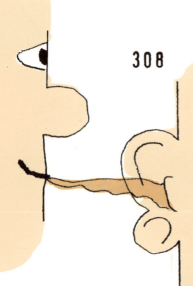

打ち明けてみよう

なかなか言えない自分のことを打ち明けてみよう。思い切って打ち明けてみれば、気持ちが楽になる。

309 好きになった気持ちを大切に

困難に出合ったら、人を好きになった時の情熱を思い出そう。きっと乗り越えられる。

310 反論しない

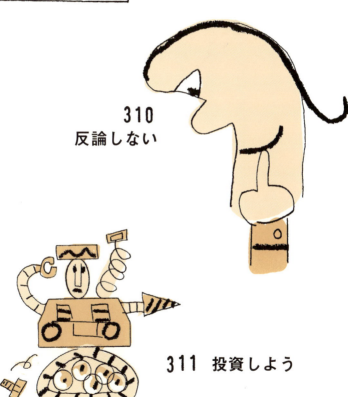

311 投資しよう

312 呼ばれる人に

313 魔法の言葉を

大変な時こそ、ありがとう、すみません、というような、魔法の言葉を忘れないように。

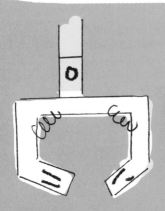

敵の気持ちになって、自分をやっつけるならどうするかを考える。そうすると自分の弱いところがわかるから。

一番の敵になってみる
314

どんなことでも近道をしようとせず、1歩1歩のステップを踏むこと。急がない、慌てない。

315

4 ステップを踏む

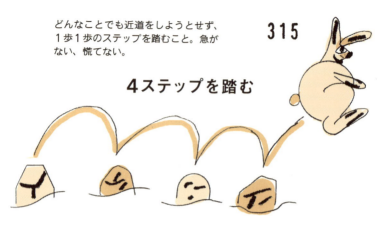

316　精一杯に行う

無心になって精一杯に働く。精一杯に学ぶ。精一杯に楽しむ。こうすればどんなことも実現できる。

317
自分を売る

崩してみる　318

自分が築いてきたものを、時には、自分で崩してみると、次の新しい何かが見えてくる。

1冊の本を　319

たくさんの本を読むよりも、1冊の本を何度でも読んでみる。そうすると、見えてくる秘密が必ずある。

何をするにしても、大きな望みという野心を持とう。野心を糧にして1歩を踏み出そう。

野心を抱こう 320

素振りを怠(おこた)らない 321

322
渦から出てみる

常々、困難は大きな渦になっていきます。そんな時は、渦の中から出て、客観的にとらえてみればいい。

323 なぜなになんだろう

子どものような好奇心をいつまでも持つ。なぜなになんだろう、という疑問をひとつひとつ解明していこう。

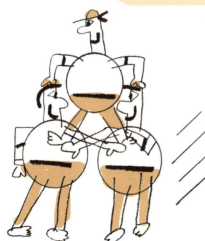

いつだって、理解者ともいえる味方を増やしていくことに努めよう。互いに味方になって支え合おう。

味方を増やそう 324

325 好きを掘る

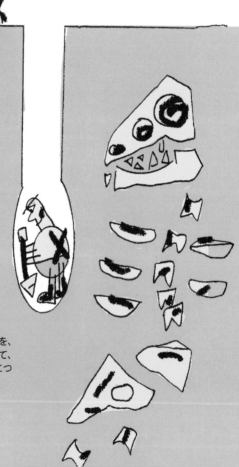

自分の好きなことを、
とことん掘り続けて、
誰よりもそのことについて熟知しよう。

得点を取るためには、いつだって的確なパス回しがあってのこと。上手なパスを回せる自分でありたい。

326

パス回し

自分というメディアを広めていこう。自分のメッセージとビジョンをたくさんの人に発信していこう。

327

自分メディアを

328
風邪を引かない

329
楽をしない

330 新しい価値を

まだ誰も気づいていないけれど、きっと必要とするであろう新しい価値を、誰よりも早く見つけよう。

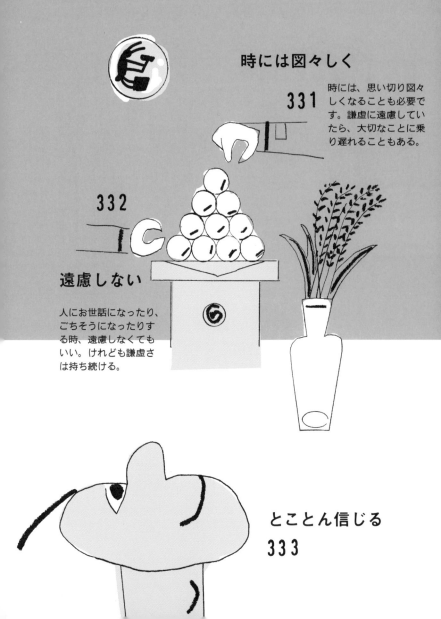

時には図々しく
331
時には、思い切り図々しくなることも必要です。謙虚に遠慮していたら、大切なことに乗り遅れることもある。

332
遠慮しない
人にお世話になったり、ごちそうになったりする時、遠慮しなくてもいい。けれども謙虚さは持ち続ける。

とことん信じる
333

ブランディングしよう

334

自分をブランディングする。どんなイメージで、どんな役立ちかたをするのか。何を発信するのかを考えよう。

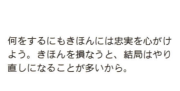

何をするにもきほんには忠実を心がけよう。きほんを損なうと、結局はやり直しになることが多いから。

335 きほんに忠実

独自の価値を　336

自分だけが見つけた、発明のような独自の価値を、たくさんの人にわかるように紐解いていくのがいい。

究極に触れる

究極にすてきなもの。美しいもの。上質なものに触れることを大切にする。その経験は創造力の糧となる。

337

大多数の意見には、それなりの可能性しかないが、少数意見には、大きな可能性が潜んでいることを知る。

338

少数意見を大切に

339
あたりまえを改めよう

自分にとってのあたりまえの習慣を常にチェックし、改善していく。あたりまえをいつも最新にしておこう。

進化しよう
340

341
あらゆる人のために

それは世界中のあらゆる人を、いつでも、ほんとうにしあわせにすることができるのかと考えてみる。

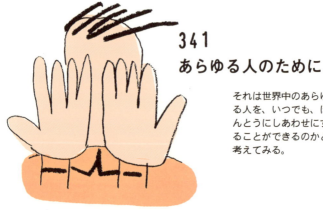

342
お邪魔しますという気持ち

どこにお伺いしても、お邪魔しますという気持ちは大切。お客だからとえばらない。

343
前向きに考える

日々、いろいろなことが起きるけれど、すべてのことをプラスに考えよう。マイナスなことでも感謝を忘れない。

すてきなもの、うれしいこと、新しいことは、いつだって先取りすることです。これもひとつの情報収集。

344
先取りをしよう

345 最新と最古を

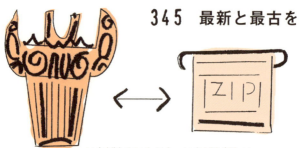

いちばん古いものと、いちばん新しいものをよく見て、よく知り、よく味わうことで学べることは多い。

346 身体の声を聞く

いつも自分の身体の声に耳を傾けよう。決して無視をしてはいけません。今日は何を語っていますか？

347 コマになれ

コマのようにいつもくるくる回っているように働くこと。回っているからこそ倒れないコマでいい。

ゴミを見よう

人が捨てているもの、必要としていないものにこそ、新しい価値のヒントが潜んでいる。

348

食事の際、1人であっても、必ず「いただきます」と感謝の言葉を忘れない。もちろん「ごちそうさま」も。

1人でもいただきますを

349

350
財布はきれいに

お金をおさめる財布は、いつも清潔にきれいにしておく。お札は同じ向きにそろえておくと気持ちがいい。

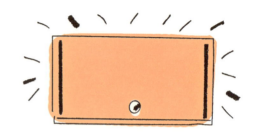

351

自己紹介する

いつでも、簡潔で的確な自己紹介ができるように準備しておこう。自己紹介は礼儀作法のひとつでもある。

まずは10日続けてみる

新しいチャレンジはとてもいいことです。いろいろなことを試してみよう。まずは10日続けてみればいい。

352

353

新しい習慣をはじめてみる

新しい習慣をひとつ増やしてみよう。そのために習慣をひとつ減らすことも忘れずに。

年齢を考えない
354

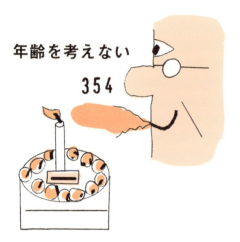

自分が若かろうと、高齢であろうと、年齢を気にするのはやめよう。精一杯楽しめばいいのです。

355
名前を覚えること

新しい人に出会ったら、すぐに名前を覚えよう。自分の名前を覚えてもらうことくらい嬉しいことはありません。

356
イライラしない

思うままにならないことにイライラしても解決はしません。そんな時こそ、外の空気を吸うなど気分転換しよう。

あせらない

何が起きてもあせらない。あせりが何かの役に立つことはありません。冷静になって、ひとつひとつの対処を。 **357**

髪の毛がぼさぼさではありませんか？ 人は髪の毛を見て、その人の印象を決めるともいいます。

358
髪の毛を整える

359
おでこを出そう

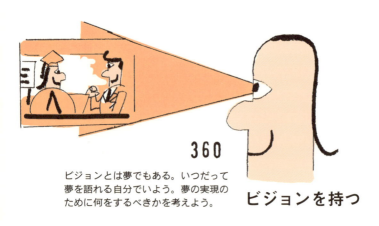

360

ビジョンとは夢でもある。いつだって夢を語れる自分でいよう。夢の実現のために何をするべきかを考えよう。

ビジョンを持つ

361
まずは、ありがとう、を

言いたいことを話すときは、最初に日々の感謝を言葉にしてから、話をはじめよう。

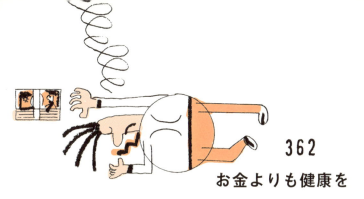

362
お金よりも健康を

363
口論をしない

議論はいいけれど、口論はしないほうがいい。口論をすると、必ずどちらかが傷つくから。

364
思い切り働く

365
自分でもできる

どんなことでもやってみれば、自分でもできると信じよう。やれないことなどないとチャレンジしてみよう。

自分のアイデアを何があろうと信じることです。すぐにカタチにならなくてもいつか必ず花がひらきますから。

366
アイデアを信じる

367

朝は仕事がはかどります。大切な仕事や考え事は、朝の時間を使って取り組もう。

朝が勝負

368

勇気がある振る舞いをする

振る舞いだけでも勇気をだしてみる。そうすると、不思議とその勇気がちからになってくれるのです。

369

恐れない

人は弱く、心も小さいものですが、何事にも恐れないと思う気持ちは大切です。腹を決めて立ち向かおう。

してほしいことは何かを考える

相手が今、してほしいことはなんだろうとよく考えると、それはいろいろなことへのヒントに役立ちます。

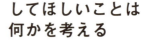

370

大胆になれ

時には大胆になってみよう。大胆に発言したり、大胆に行動したり、大胆に表現してみる。

371

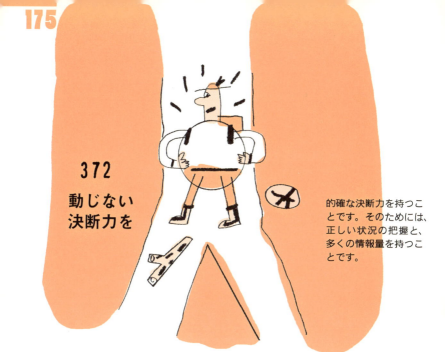

372
動じない決断力を

的確な決断力を持つことです。そのためには、正しい状況の把握と、多くの情報量を持つことです。

373
欠点を気にしない

相手の欠点を気にしたり、責めたりしないことです。欠点が大いに役に立つこともあるのですから。

374 ひとつずつ進める

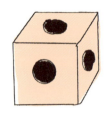

まとめてやろうとせずに、とにかく、何事もひとつずつ進めよう。それが一番はやくて、正しい方法だから。

375 不可能という言葉を忘れる

不可能はないと信じることです。必ずどこかに方法はある。いつかできると信じてあきらめない気持ちを持とう。

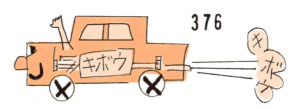

希望をエンジンに

希望を捨てないことです。いつも希望を掲げて、前進することです。希望をちからにして歩むのです。

377
チャンスを逃さない

378
成功の秘訣は熟知

誰よりもよく知り、誰よりも詳しく、誰よりも理解する。そんなふうに熟知できれば成功は近い。

379 信念は1歩になる

何を言われうようとも、
信念を貫くことです。
信念さえあれば、1歩
を踏み出せるのです。

むやみに干渉しない

興味本位で他人に干渉しないことです。何かを知ったり見たりしても、すぐに忘れてあげましょう。

380

381
熱中すること

382

方法とは
楽しむための手順

方法とは、発明、そして工夫です。いつだって楽しむための手順です。楽しむいろいろな方法を見つけよう。

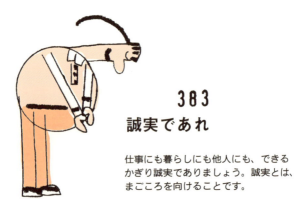

383
誠実であれ

仕事にも暮らしにも他人にも、できるかぎり誠実でありましょう。誠実とは、まごころを向けることです。

384

年をとっても
心にシワを作らない

年をとると顔にはシワができますが、心にはシワを作らないように、いつまでも若い心を持ち続けよう。

人を助ける時に
恐怖心は消える

385

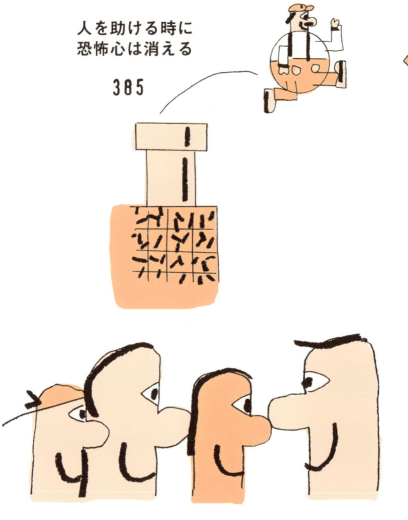

386 しあわせだと思うこと

387
トラブルを喜べ

トラブルは学びの宝庫です。自分が成長できるチャンスなのです。そういう気持ちでトラブルを乗り越えよう。

388
耐え抜くという学び

我慢、忍耐は大切です。何があろうと、あれこれ言わずに、じっと耐え抜くことが必要な時もある。

389

とにかく、今を考える。今、何を、どうしたらいいのか。今日の今を一番大切にすることで明日がある。

明日のことは考えない

心をオープンに
390

391
嬉しいことは
何かと考える

今一番みんなが嬉しいことはなんだろうと考えてみよう。それを仕事に活かしてみよう。

熱心に耳を傾けよう
392

苦さの味を知る

甘いことだけでなく、つらく苦しい、苦い味を知っている人になろう。いつだって人の気持ちがわかりたいから。

393

394 マイナスからプラスへ

マイナスのことは、ちょっとした考え方で、プラスに転ずるものです。もちろんその逆もある。

問題を表現してみよう
そうすれば半分は解決する

395

問題が起きたら、その問題を解き明かして表現してみよう。問題を理解すれば、その問題の解決は近いから。

396

明朗になろう

明るくほがらかな人のところに、人も運も集まります。そのために、人への思いやりと笑顔を絶やしません。

忍耐は名薬　397

問題解決の得策のひとつに忍耐があります。忍耐をし、時間が解決してくれることもあるのです。

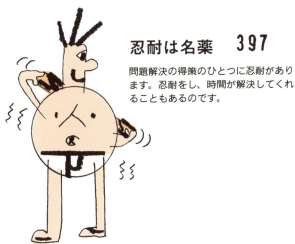

お金だけでなく、時間も浪費をしないように気をつけよう。時間を投資のように使えたら理想ですね。

398

時間を浪費しない

399

今すぐに

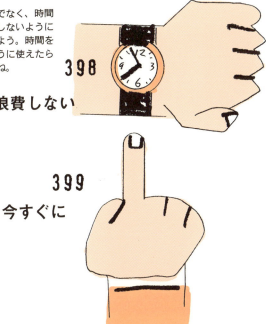

400
与えれば返ってくる

401
長所を見つける

小さなことに こだわらない 402

こだわるべきことは大きなことです。大きなことを動かせば、小さなことは自然と改善しますから。

403 情報より事実を

情報はあくまでも情報であり事実とは異なる場合がある。だからこそ、事実は何かをしっかり見抜くこと。

404

ルールやしきたりに とらわれない

既存のルールやしきたりとらわれずに、勇気という名の、自由で新しい考え方を持つことが大切です。

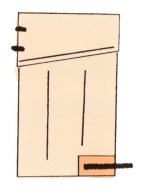

405

現在を楽しむ、見つめる

大切なのは、過去でもなく、未来でもなく、現在なのです。現在をたっぷり楽しみ、見つめることです。

406
明日は新しい日

どんな苦難が続いたとしても、明日は新しい日です。そう思うだけで、今日を存分に働き、精一杯になれる。

今日だけは、という考えで

大変なことでも、今日だけは、という考えで乗り越えよう。明日になれば、また、今日だけは、と。

407

話に口をはさまない

408

人の話は、落ち着いて
じっくり聞くことです。
人が話している最中に
口をはさまないように。

しあわせはまいにち やってくる

409

しあわせはまいにちやってくる。それに気がつくか、気がつかないかは自分次第。感謝の気持ち次第なのです。

410
ベストをつくす

411
人をみくびらない

決してしてはいけないことは、人をあなどったり、みくびることです。いざって時こそ、油断大敵。

412
やるべきことを好きになる

物事には、やりたいこととやるべきことがある。大切なのはやるべきことです。それを好きになることです。

413
美しさとは何かを考えよう

あなたにとっての美しさとはなんでしょうか？ 美しさの定義を言語化してみましょう。

414

倒れたら
起きあがればいい

人は誰しも弱い。倒れない人はいません。だからこそ、倒れたら、何度でも起き上がればいい。

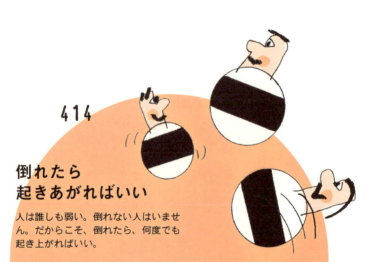

祈りとは感謝のこと
415

416
小さなチャンスを
つかむこと

小さなチャンスはいつでも目の前にあるものです。そんな小さなチャンスを見逃さずに。

417
準備は大切だが、心配は大切ではない

少しの心配はあってもいいけれど、心配ばかりしては、進むことも進まなくなる。心配はほどほどに。

418
あるがままに受け入れる

いつでも限りなく素直な気持ちでいればいいのです。どんなことでもあるがままに受け止めよう。

決して孤独ではない

孤独は人間の条件であるけれど、自分のしていることは、必ずどこかで誰かが見ているのです。

419

420

ものは必ず壊れる

壊れないものはありません。壊れたら修復すればいいのです。壊れないものほど味気ないものはありません。

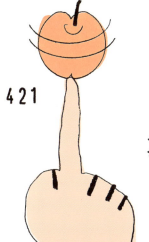

421

人生とは今日一日のこと

今日一日を大切にしよう。今日こそが人生と思ったら、どんなふうに過ごすのか、よく考えてみる。

わからないことを知る

わからないことは必ずいつかわかるように学ぶ機会を作ろう。わからないままにしておかないように。

422

欠点にこだわらない
423

欠点のすばらしさもある。それは誰にも真似ができないということ。欠点という魅力なのです。

424
暮らしとは整頓すること

暮らしとは、散らかるもの。ですので、常に整頓すること。整頓すれば新しいアイデアが生まれます。

425
健康と友人になる

健康管理はいちばん大切な仕事です。健康と仲よく友人になるために、心がけることは何かを考えよう。

相手の欲しいものを与える

時に、人を動かしたい時は、相手の欲しいものを、たっぷりと与えることが一番の方法です。

426

427 ひとりぼっちの人に声をかけよう

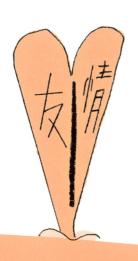

428
友情とは育てるもの

友情は植物と似ています。植物に水や栄養を与えるのと同じように、愛情をかけて育てていくもの。

どんなに愛し合っていても、どんなに仲よくても、自分と相手の間をあけておくことは大事です。

手をつないでも、間(あいだ)をあける

429

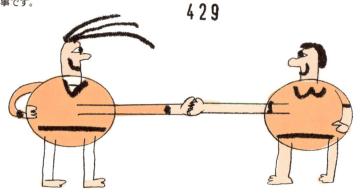

430

すべてを知って、愛すること

人でも、どんなものでも、愛するには、すべてを知ることです。知るというのはとてもむつかしいことですが。

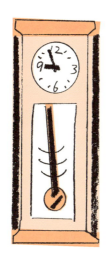

431
商売の法則を守ろう

商売の法則は3つある。困った人を助ける。お金を正しく使う。倹約する。これを守ればいいのです。

両親を敬う　432

忙しかったり、大変な時こそ、両親への感謝と敬いを忘れてはいけません。両親と家族は最優先するべきです。

仕事を愛そう 433

仕事とはまいにちのこと。仕事とは暮らしでもある。だからこそ、たっぷり愛してあげよう。

434
大仕事を先に

435
報酬以上の結果を

しあわせとは勤勉の報酬

436

今のしあわせは、これまでの勤勉さのあらわれです。勤勉であることは、とても大切なしあわせの種なのです。

アイデアに行き詰まった時がスタート

437

何事もそうですが、行き詰まった時がスタート地点なのです。そこからが本番だと知りましょう。

438
たいていの夢は、勤勉な仕事で手に入る

もう1度いいます。勤勉であれば、たいていの夢は叶います。勤勉とは、一所懸命に励むこと。

今日も夢に向かう

今日も夢に向かっての小さな1歩です。まいにち、遠い夢に、1歩1歩近づいているとイメージしよう。

439

時には手を休める

頑張りすぎてはいけません。いつも心と体の声に耳をすませることです。時には手を休めて、リラックスしよう。

どんなことでも、きれいな円を描くように、イメージしながら作業をしたり、進めていく。

**441
円を描くように**

**不可能にこそ
チャンスはある**

不可能と言われていることは誰もしていないことでもあるから、たくさんのチャンスが眠っている。

442

新たに工夫をして取り組む

何をするにしても、今までの方法を忘れて、もっといい方法があるだろうと工夫をすることです。

443

何事にも落胆しない

失敗やミスにいちいち落胆していたら、勢いが一気に落ちる。反省と対処をしたら、またすぐにはじめればいい。

444

445 運がいいと信じよう

少し早めに到着する

少し早めというルールを自分に与えておくと、大事な用件であっても余裕が生まれて、何かと楽になる。

446

批判は受け入れる　447

決心は心に聞く

448　それは本当にやりたいことかと聞いてみる。心からやりたいことなら決心をする。そうでなければ決心しない。

449
自分らしく振る舞う

ちからを抜いて、リラックスすることはとても大切であり、どんなことでもうまくやるコツ。

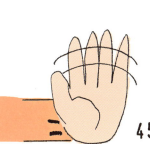
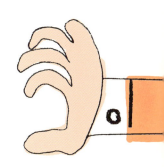

450
人の手を振りほどかない

人と人はいつも助け合って生きている。だからこそ、つながってくれている人の気持ちを大切にする。

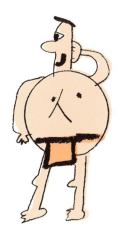

451
自分をよく知ること

自分を知ることから逃れてはいけない。常に自分と向き合い、自分を客観視する意識を持つように。

452

寄り添い続けること

家族やパートナーとの関係は、何があろうとも、常に相手に寄り添う自分であり続けるように。

何かを好きになるというのは、とても魅力的な、ひとつの才能である。好きになるものを見つける才能でもある。

453

好きになる才能を持つ

454
嘘をつかない

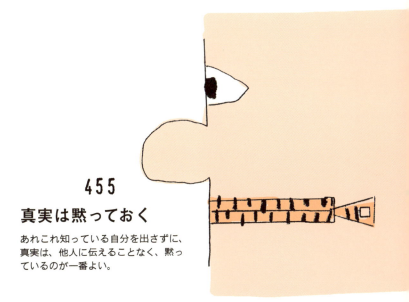

455
真実は黙っておく

あれこれ知っている自分を出さずに、真実は、他人に伝えることなく、黙っているのが一番よい。

456
よく見せようと思わない

自分のことをよく見せようとして無理をすると、あとで必ず、自分が困ることが起きるから。

457
正しいことをやる

何が正しいのかをいつも考えておく。そして、それはほんとうに正しいのかと自問する。

助けをあてにしない 458

困った時、つらい時、人の助けをあてにした途端に、さらに状況は悪くなる。自分で乗り越えようとふんばりたい。

手入れとは磨くこと 459

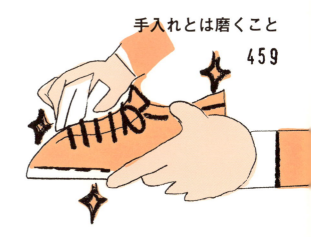

未知のちからを信じる

科学では解明できない、不思議なことはたくさんある。そんな未知のちからも確かにある。

460

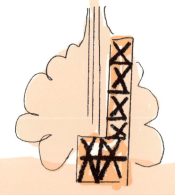

461
あるがままに楽しむ

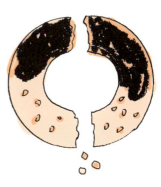

462
分かち合いを

463
やりたいことよりも やるべきこと

やりたいことに偏らずに、やるべきことは何かを考え、それを優先する習慣をつけよう。

おだやかを
心がけよう
464

安心した気持ちで、ちからを抜いて、リラックスした日々。そんなおだやかな暮らしを目指したい。

465

がんばるとは
希望を高めること

がんばるという言葉の意味は、自分の抱く希望を高めること。希望を信じて、前を向くことです。

過ちはすぐに認める
466

誰でも過ちを起こす。
だからこそ、過ちは隠
さずに、すぐに認めて、
反省すればいい。

真似をして学ぶこと
467

人真似はひとつも悪いことではありま
せん。真似続ければ、いずれ自分らし
くなるのです。

468

人を愛するとは、人を生かすこと

愛するとは支配することではなく、その人がいきいきとなるように生かすことである。

自立と感謝を 469

人生の目的は、しっかりと自立すること。日々のすべてに感謝をすることのふたつです。

暮らしとは、学びと工夫の連続です。自分の人生で、何を学び、何を工夫していくのか、よく考えてみよう。

人生に暮らしを取り入れる

今、自分は
どこにいるのか 471

自分を点にしてみたら、そのまわりには何があって、どんなところなのか、よく見てみよう。

472

世界とともに進歩する

いつも世界がどんなふうに進んでいるのかを知っておくこと。自分の進化が遅れていないかを確かめる。

473

本心に背かない

人の影響を受けることなく、自分の本心を大切にして、物事を判断し、考えることが大事。

474
クオリティの話をしよう

何をするにしても、クオリティをよくするためにはどうしたらよいかを考えよう。

475
詳しくなるまで、とにかく研究する

成功の最大の秘訣は、そのことについて、人一倍、熟知していることである。熟知のための研究を怠らない。

シンプルから先へ

シンプルは確かに美しいが、その先の価値もしくはクオリティを目指さないと、本当の美しさには届かない。

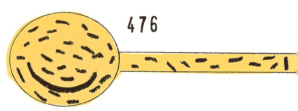

476

477 自然を敬い、愛する

478 窓の外の景色を見よう

悩んだり、疲れたときは、窓の外の景色を見てみよう。あたりまえの景色が自分を癒やしてくれるだろう。

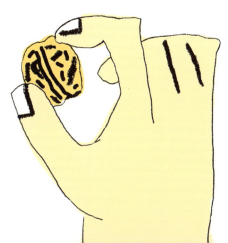

479

シンプルに、もっとシンプルに、さらにシンプルに

シンプルに考えてみる。さらにシンプルに、もっとシンプルに考えてみて、そこにどんなものが残るのか。

人を好きになろう

人生をよりよくする秘訣はかんたん。人を好きになることです。今よりもっと人を好きになろう。

480

481
心の変化を歓迎しよう

心の変化が起きるのは当然であり、成長している証拠である。心の変化は喜んでいいこと。

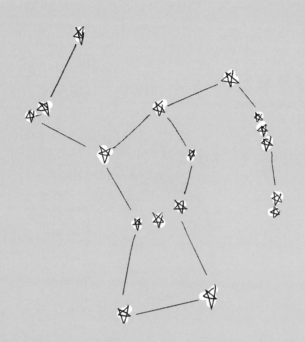

482
星空を眺めよう

必ず意見を述べよう

会議や集まりに参加したら、必ず自分の意見を述べること。意見を述べないことは不参加と同じこと。

483

484
限界を作らない

485
かたくなよりも
しなやかであれ

自分の心の状態のこと。いつも柔軟で、しなやかさをもった心であるように心がける。

← 486 →

自分の弱点から
教わるものがある

自分の弱点は、自分にとっての学びの宝庫と知るべし。まずは自分の弱点が何かを知ること。

487
2歩進んで1歩下がる

成長のリズム。前進のリズム。ひたすら進み続けないように、リズミカルに1歩下がる心持ちが大切。

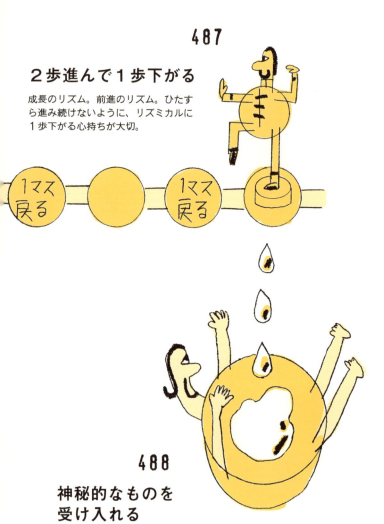

488
神秘的なものを受け入れる

489
あるべき姿と、なりたい姿を考えよう

自分の取り組みの先にある姿はどんなものなのか。どんなふうになりたいのかを明確に。

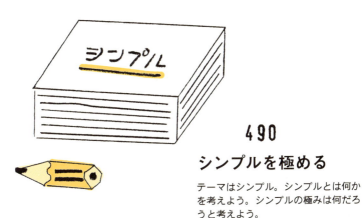

490
シンプルを極める

テーマはシンプル。シンプルとは何かを考えよう。シンプルの極みは何だろうと考えよう。

491

欠点を愛する

492

目的と夢と価値を明確に

さて、ここまで来たら、もう1度考えてみよう。自分の人生の目的は何か。夢は何か、その価値は何かと。

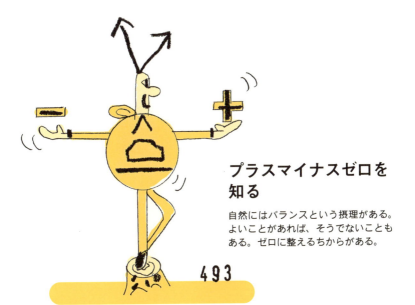

プラスマイナスゼロを知る

自然にはバランスという摂理がある。よいことがあれば、そうでないこともある。ゼロに整えるちからがある。

493

自分の走り方を考える

494

自分はどんなふうに走っていくのか。ゆっくりなのか、のんびりなのか、急ぐのか。見え方はどんなふうなのか。

要領よくならない
495

496

マイナスしてみる

いいことが起きたら、必ず自分から負けるような何かマイナスをしておいたほうがいい。自分でバランスをとろう。

用心深く

自分を過信せず、いつも用心深くしておいたほうがいい。何かが起きるという前提でいたほうがいい。

497

動きを止めないように 498

何かに取り組んでいるときは、動きなり、勢いなどを、止めないほうがいい。そうやって流れに乗っていくのがいい。

499

去るべき時を見逃さない

たとえば、会社を辞める、人と別れる、取り組みから離れるなど、必ずよきタイミングがある。

決めるのは自分

自分を限りなく信じるということ。だからこそ、決めるのは、自分しかいない。それが人生であり日々である。

松浦弥太郎（まつうらやたろう）

1965年、東京生まれ。株式会社おいしい健康・共同CEO、「くらしのきほん」主宰。エッセイスト。COW BOOKS代表。雑誌『暮しの手帖』前編集長。「正直、親切、笑顔、今日もていねいに」を信条とし、暮らしや仕事における、楽しさや豊かさ、学びについての執筆や活動を続ける。著書に『しごとのきほん　くらしのきほん100』（マガジンハウス）、『「自分らしさ」はいらない』（講談社）、『泣きたくなったあなたへ』『おとなのきほん』（以上、PHPエディターズ・グループ）など多数。

ワタナベケンイチ

1976年生まれ。2000年HBファイルコンペ藤枝リュウジ賞受賞。雑誌や書籍の挿絵などを中心に、広告や劇場用ポスター、ワークショップなどで活躍。右利き。

まいにちをよくする500の言葉

2018年1月5日　第1版第1刷発行

文	松浦弥太郎
絵	ワタナベケンイチ
発行者	清水卓智
発行所	株式会社PHPエディターズ・グループ

〒135-0061　江東区豊洲5-6-52
☎ 03-6204-2931
http://www.peg.co.jp/

発売元　株式会社PHP研究所
東京本部　〒135-8137　江東区豊洲5-6-52
普及部　☎ 03-3520-9630
京都本部　〒601-8411　京都市南区西九条北ノ内町11
PHP INTERFACE　https://www.php.co.jp/
印刷所・製本所　凸版印刷株式会社

© Yataro Matsuura & Kenichi Watanabe 2018 Printed in Japan
ISBN 978-4-569-83735-2

★本書の無断複製（コピー・スキャン・デジタル化等）は著作権法で認められた場合を除き、禁じられています。また、本書を代行業者等に依頼してスキャンやデジタル化することは、いかなる場合でも認められておりません。
★落丁・乱丁本の場合は弊社制作管理部（☎ 03-3520-9626）へご連絡下さい。送料弊社負担にてお取り替えいたします。